Sasha Reiter

Choreographed in Uniform Distress

Coreografiados en uniforme zozobra

Translated from the English by / *Traducido del inglés por*

Isaac Goldemberg

artepoética
press

Colección
Rambla de Mar

Nueva York, 2018

Title: Choreographed in Uniform Distress / Coreografiados en uniforme zozobra

ISBN-13: 978-1-940075-61-7
ISBN-10: 1-940075-61-0

Design: © Ana Paola González
Cover & Image: © Jhon Aguasaco
Author's photo by: © Christina Millan
Editor in chief: Carlos Aguasaco
E-mail: carlos@artepoetica.com
Mail: 38-38 215 Place, Bayside, NY 11361, USA.

To my father

A mi padre

Acknowledgements

I would like to thank my partner in life and muse, Christina, for always being there to keep my head above water and inspire me at every corner of this winding path. I would also like to thank my mother for her continuous support and for always being there to offer help wherever I may need.

Agradecimientos

Quiero agradecer a mi compañera de vida y musa, Christina, por estar siempre allí para mantener mi cabeza a flote e inspirarme en cada recodo de este serpenteante camino. También quiero agradecer a mi madre por su continuo apoyo y por estar siempre allí para ofrecerme su ayuda dondequiera que la necesite.

Contents / Contenido

By Way of Introduction

Sasha Reiter's *Choreographed in Uniform Distress / Coreografiados en uniforme zozobra* introduces a young writer of stunning linguistic energy and maturity. What is outstanding in this collection is the clarity of its imagery and its musicality. Written in English and expertly translated into Spanish by Isaac Goldemberg, these poems document paths of discovery in both observation and language. Reiter's voice is attentive, open and sensuous. Whether talking about dreams and memory, everyday experiences or a cellphone obsession, the poet offers us skillful and poignant images. There are short poems of seamless simplicity like "Sunset," "Upon Unborn," and "Funeral," while others such as "Dreams," "Retrograde," and "Lies" are flashes of brilliance and playfulness. I delight in the poems where elements of our modern world float, sometimes gently and others fast-paced, weaving not only personal, but also others' experiences into stories. Tenderness and irony appear in the dazzling "Algorithm for Calculating Emotional Variance," "Statistical Probability for the Threshold of Goodbye," "Lost in Translation," and "Canadian Geese Fly South for the Winter." *Choreographed in Uniform Distress/Coreografiados en uniforme zozobra* is a remarkable debut collection. Reiter's poems merit a wide audience. —**Carlota Caulfield**

Paraphrasing the author, words come easily to a poet. However, it is also the quality of those words, the exact combination of them, the play of reverberations, the alternations and modifications of meaning that are produced among the chosen words that demonstrate that

Sasha Reiter is a genuine poet. His are true and very well-chosen words that establish that he is an authentic poet indeed.

Sasha Reiter's work is extremely important. His texts dialogue and interact among themselves and then with their reader, like a polyphony that opens up the nuances and hidden places, the tonalities and landscapes of a universe that belongs to Reiter. He is a builder of meanings that, taken together, form a multifaceted interrogative, questioning the condition of modern man.

Reiter's poetry is the evolution from the question to the answer, and from that to the next question. The author understands, very precisely, that contemporary poetry is not a system closed upon itself, but very much to the contrary, a tremendous and risky opening place. It directs the reader toward the limits of language and even propels him beyond them.

Sasha Reiter's poetry successfully names the indescribable in an honest and direct way. His poetry is strongly polysemic. Very concentrated in alternation, and in allusion and in elusion, the poems use absence, hinting and style, rather than the closing off of meanings. This is the auspicious beginning for what will be a very successful career as a poet. —**Luis Benítez** (*Translation by Stephen A. Sadow*)

Carlota Caulfield is a poet, writer, editor, translator and scholar. Among her poetry books are *The Book of Giulio Camillo/El Libro de Giulio Camillo/Il Libro de Giulio Camillo*, *Quincunce/Quincunx*, *A Mapmaker's Diary* and *JJ/CC*. Caulfield has edited *The Other Poetry of Barcelona Spanish and Spanish American Women Poets*. Her most recent book is *Cuaderno Neumeister/The Neumeister Notebook*. In 1988, she

was awarded with the Ultimo Novecento Prize, Poets of the World, in Italy. She also received the First Hispanoamerican Prize Dulce María Loynaz, Spain-Cuba in 2002. Caulfield is the W. M. Keck Professor in Creative Writing and Professor of Spanish and Latin American Studies at Mills College, California.

Luis Benítez, poet, fiction writer, and literary critic, was born in Buenos Aires on November 10, 1956. He is a Member of the Iberoamerican Academy of Poetry, New York Chapter; the World Poetry Society, World Poets, and the Advisory Board of Poetry Press. He has been awarded the International Poetry Award La Porte des Poètes (Paris), among other numerous national and international awards and recognitions. He is a Member of the Society of Argentine Poets (APOA); the Society of Argentine Writers (SEA), and of the Argentine PEN Club. His 36 collections of poetry have been published in Argentina, Spain, United States, France, Italy, Mexico, Rumania, and Sweeden.

A manera de introducción

Choreographed in Uniform Distress / Coreografiados en uniforme zozobra, de Sasha Reiter, presenta a un joven escritor de asombrosa madurez y energía lingüística. Lo que es extraordinario en esta colección es la musicalidad y la claridad de sus imágenes. Escritos en inglés y traducidos expertamente al español por Isaac Goldemberg, estos poemas documentan sendas de descubrimiento tanto en la observación como en el lenguaje. La voz de Reiter es alerta, abierta y sensual. Ya sea que hable acerca de los sueños y la memoria, las experiencias cotidianas o una obsesión con su teléfono celular, el poeta nos ofrece imágenes hábiles e intensas. Hay poemas breves de marcada sencillez, como "Puesta de sol", "Al no nacer" y "Funeral", mientras otros tales como "Sueños", "Retrógrado" y "Mentiras" son destellos de brillantez y naturaleza lúdica. Me deleito con los poemas donde flotan elementos de nuestro mundo moderno, a veces pausadamente y otras con ritmo rápido, tejiendo historias con experiencias no solo personales sino también de otros. Ternura e ironía aparecen en los espléndidos "Algoritmo para calcular la discrepancia emocional", "Probabilidad estadística para el límite del adiós", "Perdidas en la traducción" y "Gansos canadienses vuelan al sur por el invierno". *Choreographed in Uniform Distress/Coreografiados en uniforme zozobra* es un singular primer libro. Los poemas de Reiter merecen un gran público lector. **—Carlota Caulfield**

Parafraseando al autor, podemos afirmar que las palabras acuden fácilmente a un poeta, mas agregar también que es la calidad de esas palabras, la exacta combinación

de estas, el juego de reverberaciones, alternancias y modificaciones de sentido que se produce entre esas palabras escogidas, el factor que define que nos encontramos ante un genuino poeta, que son ciertas y muy determinadas palabras las que establecen que nos hallamos ante un auténtico representante del género.

El trabajo de Sasha Reiter es sumamente importante. Sus textos dialogan e interactúan entre sí y luego con su lector, como una polifonía que despliega los matices y recovecos, las tonalidades y los paisajes de un universo que ya es propio de Reiter, edificador de unos sentidos que, en su conjunto, interpelan a la condición del hombre de nuestro tiempo con un multifacético interrogante.

La poesía de Reiter es un devenir de la pregunta a la respuesta y de esta a la siguiente pregunta, comprendiendo el autor, muy cabalmente, que la poesía contemporánea no es un sistema cerrado sobre sí mismo sino, muy por lo contrario, una apertura mayúscula y arriesgada que nos dirige hacia los límites mismos del lenguaje y aun nos impulsa más allá.

La poesía de Reiter es un exitoso intento de nombrar lo indecible de un modo honesto y directo, muy concentrado en la alternancia de la alusión y la elusión que refieren por ausencia, por indicio, por marca, antes que por clausura de sentidos. Poesía fuertemente polisémica, ya desde estos inicios que marcan el auspicioso comienzo que precede a los mejores logros de un desarrollo que tanto esperamos como presentimos sus lectores. —**Luis Benítez**

Carlota Caulfield es poeta, escritora, editora, traductora y académica. Entre sus libros de poesía figuran *The Book of Giulio Camillo/El Libro de Giulio Camillo/Il Libro de Giulio Camillo, Quincunce/Quincunx, A Mapmaker's Diary* and *JJ/CC.* Caulfield es la editora de *The Other Poetry of Barcelona*

Spanish and Spanish American Women Poets. Su libro mas reciente es *Cuaderno Neumeister/The Neumeister Notebook.* En 1988 se hizo acreedora al Premio Ultimo Novecento, Poetas del Mundo, en Italia. Recibió también el Primer Premio Hispanoamericano Dulce María Loynaz, España-Cuba, en 2002. Caulfied es Profesora W. M. Keck de Creación Literaria y de Español y Estudios Latinoamericanos en Mills College, California.

Luis Benítez, poeta, narrador y ensayista literario, nació en Buenos Aires el 10 de noviembre de 1956. Es miembro de la Academia Iberoamericana de Poesía, Capítulo de New York, de la World Poetry Society, de World Poets y del Advisory Board of Poetry Press (La India). Ha recibido el Premio Internacional de Poesía La Porte des Poètes (Paris), entre otros premios y reconocimientos nacionales e internacionales. Es miembro de la Asociación de Poetas Argentinos (APOA), de la Sociedad de Escritoras y Escritores de la República Argentina (SEA) y del PEN Club Argentino. Sus 36 libros de poesía, ensayo y narrativa han sido publicados en Argentina, España, Estados Unidos, Francia, Inglaterra, Italia, México, Rumania y Suecia.

THIS IS THE WAY THE WORLD COMES BACK

not with a bang,
not with a crash,
but with the slow writhing fade
of a distant relative,
whom you struggle to remember ever meeting,
who is too old to understand
the few, if any, implications of their death.

There is no eternal age of frost,
there is no hurricane of pretty crimson flames,
only the several hundred years, in which
girls become women and boys men.

If you were to live long enough to see it,
then you may notice
the dread infections, immune to your meds,
or the grey discoloration of the liquids
that drip from your kitchen sink.

Maybe you would feel the air thicken
or hear gossip
of the increasing framed faces at funerals
getting younger and more beautiful with time.
Maybe, if there are more like you,
they will study the demographic decline
of culture and its peoples
or build more rockets
and fly away to colonize anew.
But there will not be more like you,
in fact, there is no you,

Así es como el mundo regresa

no con una detonación,
no con un estallido,
sino la lenta y retorcida evanescencia
de un pariente lejano,
pugnando por recordar si lo habrás conocido,
quien es demasiado viejo para comprender,
si acaso, las pocas implicaciones de su muerte.

No existe una edad de hielo eterna,
no existe un huracán de hermosas flamas
                              [encarnadas,
solo los varios cientos de años en los que
las niñas se hacen mujeres y hombres los niños.

Si vivieras el tiempo suficiente para verlo,
entonces podrías notar
las terribles infecciones, inmunes a tus
                              [medicamentos,
o el gris descoloramiento de los líquidos
que gotean del caño de tu cocina.
Quizás sientas el aire volverse mas denso
o escuches el chismear
de los crecientes y enmarcados rostros en los
                              [entierros
poniéndose mas jóvenes y mas hermosos con el
                              [tiempo.
Quizás, si existen mas como tú,
ellos analizarán la disminución demográfica
de la cultura y sus pueblos
o fabricarán mas cohetes
y volarán de nuevo a colonizar.

and not even I will be there to see
the overgrowth in its full supremacy.

The last of us will not remember the time
when you and I chatted of the way
tungsten deteriorates into 181w in 121 days,
and they will not find this page among
all the ashes that will feed the mother,
who will rouse from her slumber
like a comatose pierced by the light of a slow-rising
[sun.

Pero no habrán más como tú,
de hecho, no hay tú,
y ni siquiera yo estaré allí para ver
el desbordado crecimiento en su pleno predominio.

Los últimos de nosotros no recordaremos la vez
en que tú y yo conversamos de cómo
se deteriora el tungsteno a 181 w en 121 días,
y no encontrarán esta página por entre
todas las cenizas que alimentarán a la madre,
quien despertará de su sueño
como un comatoso atravesado por la luz de un sol
                              [en lento ascenso.

SUNSET

Thick blood chokes my arteries.
Wax tears reduce my vision to shadows in the dark.
The harrowing sensation of detachment fills my
                    [tissue with pins and needles.
I know it is done as my breath recedes and hot
                        [capillaries freeze
my arms into morbid stark.

Puesta de sol

Una sangre espesa estrangula mis arterias.
Lágrimas de cera reducen mi visión a sombras en
[la oscuridad.
La desgarradora sensación de desapego llena mi
[tejido con alfileres y agujas.
Sé que todo acabó mientras retrocede mi aliento y
[ardientes capilares congelan
mis brazos en mórbida rigidez.

ALGORITHM FOR CALCULATING EMOTIONAL VARIANCE

At that point in his life, he was the man who cared little for the roses, lined up on the curb, that smelled of sweet nectar and early morning dew. He'd skip his traditional egg salad sandwich and coffee while at the office, to maximize productivity. His brother, lost in his own world, deep within the jungle of debt and disease rarely cared to speak with the man he knew would return him nothing but lurid silence.

His own wife had learned to lean off the subject of affection. The man, like a beautiful silver robot, would answer only in ones and zeros, forming Excel spreadsheets with his tongue.

He had never offered me advice. Instead, he'd toss his submissions directly inside of my brain, like loose soil shoveled back into an empty grave. He'd told me countless times about responsibility and the importance of education.

I had always been the kind of boy who preferred an ugly painting to a well-written speculative text. I was lucky, and good enough to fake my way through high-school, looking up answers to preparation SATs and watching YouTube for the remaining time. I'd go on to pass the tests without much thought and earn myself a decent selection of universities from which to choose. Maybe I'd just learned the brand of crap those types of tests preferred.

It took until my first summer back from hardly hanging onto my rope to hear the words. They'd never come directly, not from him, but they arrived in stimulating dialogues. I had cocooned myself for months upstate and returned to

Algoritmo para calcular la discrepancia emocional

En ese punto de su vida, él era el hombre a quien poco le preocupaban las rosas, alineadas a lo largo de la acera, que olían a dulce néctar y a rocío de madrugada. Él se saltaba su tradicional sándwich de ensalada de huevo y café mientras estaba en la oficina, para aumentar al máximo la productividad. A su hermano, perdido en su propio mundo, en lo profundo de su jungla de deudas y de la enfermedad, rara vez le importaba hablar con el hombre que sabía que no le devolvería mas que un espeluznante silencio.

Su propia esposa había aprendido a apartarse del tema del afecto. El hombre, como un hermoso robot de plata, solía responder solo en unos y ceros, formando con su lengua hojas de cálculo Excel.

Nunca me había ofrecido un consejo. Mas bien, arrojaba su parecer directamente al interior de mi cerebro, como tierra suelta paleada de vuelta a una tumba vacía. Incontables veces me habló de la responsabilidad y de la importancia de la educación.

Yo siempre había sido el tipo de niño que prefería una pintura fea a un bien escrito texto especulativo. Yo era afortunado y lo suficientemente bueno para improvisar mi paso por la secundaria, averiguando las respuestas de los exámenes de aptitud escolar y viendo YouTube el resto del tiempo. Luego pasé los exámenes sin mucho pensarlo y me gané un número decente de universidades para elegir. Quizás solo había aprendido la clase de basura preferida por ese tipo de pruebas.

him a person. My opinions precipitously mattered, as if I'd found the words to replace the tenuous algorithms often used to expound the varying emotions behind a dispute. He took me out to eat. We didn't talk about my next steps, only where I had been and where it had moved inside of me. We laughed together. We played billiards until the sky was so rippled with dark-grey clouds that we rushed to the car, beers in hand, to avoid the midnight downpour.

The man was nearly my friend. I realized he was an old pillow, stained and cold, and filled with soft, lush, synthetic polyester fibers. He sometimes smiled more than I remembered him doing so. In the car once, he asked me about job applications.

"Have you been looking?" He tested.

No. I hadn't.

"Of course." I told him, dangling desperately to the thin line of peace I had waited my life hitherto to relish. He didn't reel me in.

"How then, have you come up with nothing?"

The wrinkles that walked the edges of his lips at sharp corners scowled at me in despondency. What followed was a quasi-witty comment about a man who could not walk in others' shoes or see the lengths at which I had gone to find a job. Lengths that, in reality, were added to by their additive inverse. Our small talk car ride had degraded into nothing less than argumentative mockery, cut short, finally, by insolent aggression, which preceded the terminal quiet and empty gazes.

His inexorable daggers would remain ever still. As an old photograph, coated with grease and dead skin, the colors would yellow, but the same lips would look into me like the eyes of a man gone blind.

Hubo que esperar hasta mi primer verano, regresando a duras penas aferrado a mi soga para oír las palabras. Ellas nunca habían venido directamente, no de él, pero llegaban en diálogos estimulantes. Yo me había encapullado por meses al norte del estado y había regresado a él hecho una persona. Mis opiniones derrepente importaban, como si hubiese encontrado las palabras para reemplazar los tenues algoritmos a menudo utilizados para exponer las variables emociones detrás de una disputa. Él me llevó a comer. No hablamos de mis próximos pasos, solo de dónde había estado y a dónde se había mudado dentro de mi. Nos reímos juntos. Jugamos billar hasta que el cielo tanto se onduló de oscuras nubes grises que corrimos al carro, cervezas en mano, para evadir el aguacero de la media noche.

El hombre era casi mi amigo. Me di cuenta de que él era un viejo almohadón, manchado y frío, y lleno de suaves, suntuosas y sintéticas fibras de poliéster. A veces sonreía mas de lo que yo recordaba él solía hacerlo. Una vez en el carro, me preguntó acerca de mis solicitudes de trabajo.
"¿Has estado buscando?", tanteó.
No. No lo había hecho.
"Por supuesto", le dije, colgándome desesperadamente del fino hilo de paz que hasta ahora había esperado toda mi vida para saborearlo. Él no me atrapó.
"¿Entonces cómo es que no has conseguido nada?"
Las arrugas que recorrían los bordes de sus labios en ángulos afilados me fruncieron el ceño en desaliento. Lo que siguió fue un comentario casi ingenioso acerca de un hombre que no podía caminar en los zapatos de otros o ver los esfuerzos que yo había hecho para encontrar un trabajo. Esfuerzos que, en realidad, eran agregados por su inverso añadido. Nuestra breve plática en el carro se había degradado a nada menos que una burla argumentativa,

Days passed by, the way people do as a train leaves its station. Countless attempts at reconciliation thwarted like flies charring in the bowl of a lamp. It appeared that I'd lost my magic. Fragile formulas of forgiveness and justification found their way to my teeth, vomiting moonshine at the man, and it was all over from there.

I lie awake some nights, remembering the laughter and the beer. The dinner, the pool, the discussions, about things so meaningless, then so important, erstwhile, when the man was nearly my friend. Had you known him as I had, you would know he was a mathematician. He'd smile when I'd solve a complex equation, and I could see the proud plea, stuck in his lung. I was good at math, yes.

interrumpida, finalmente, por una insolente agresión, que precedió al silencio final y a las miradas vacías.

Sus inexorables dagas quedarían para siempre fijas. Como una vieja fotografía, cubierta de grasa y piel muerta, los colores se pondrían amarillos, pero los mismos labios mirarían mis adentros como los ojos de un hombre vuelto ciego.

Los días pasaron como pasa la gente al abandonar un tren su estación. Innumerables intentos de reconciliación se frustraron como moscas chamuscadas en el tazón de una lámpara. Parecía que había perdido mi magia. Frágiles fórmulas de perdón y justificación hallaron el camino hacia mis dientes, vomitándole luz de luna al hombre, y desde allí todo acabó.

Algunas noches permanezco despierto recordando la cerveza y la risa. La cena, el billar, las discusiones sobre cosas tan sin sentido, entonces tan importantes, de otro tiempo, cuando el hombre era casi mi amigo. Si lo hubiesen conocido como yo lo conocí, sabrían que él fue un matemático. Solía sonreír cuando yo resolvía una ecuación compleja, y yo podía ver su orgullosa súplica, atascada en su pulmón. Yo era bueno en matemáticas, es cierto.

To My Missing Wife

Sometimes I see you
Teetering over the expired garden.
I watch you drive away the weeds,
As though they were vectors through which
[to forget you.

Gloom rotted plums and carrots
Flood with color as your fingers
Slide through corroded leaves,
Personifying them with amity.
I call to you and you turn.
Your face is absent but ridden with guilt.
The leaves turn grey,
The frail vegetation embossed with animosity.

Close your eyes, dear.
And your eyelids drop.

A MI ESPOSA DESAPARECIDA

A veces te veo
tambaleándote por sobre el jardín marchito.
Te miro ahuyentar las malas hierbas,
como si fueran vectores a través de los cuales
[olvidarte.

Ciruelas y zanahorias podridas de melancolía
se inundan de color mientras tus dedos
se deslizan sobre hojas corroídas,
personificándolas con amistad.
Te llamo y tú te das vuelta.
Tu rostro está ausente pero agobiado por la culpa.
Las hojas se tornan grises,
la frágil vegetación adornada de animosidad.

Cierra los ojos, querida.
Y caen tus párpados.

DREAMS

You take a bite of the cheddar cheese
Spanning the horizon
In the form of tiny golden coins.
A fork pours into your mouth
Crispy yellow fries
Sparing your hands from the grease,
Then knowing you're in for a treat upon spotting
Elvis bound your way with an avocado sandwich,
You try to wake up
Because work is pressing,
But you can't:
You are already awake,
Deborah is asking you about work,
You're calling her a bitch,
And she's no longer home.
You've stocked your fridge
With babybel cheddar cheese wheels,
And every morning, coffee washes down
The large McDonald's fries,
And also your dignity,
Sitting now in an office chair
Collapsing under your ass,
Not getting any work done
Because you just won't wake up,
Your boss hearing the King coming
Through your headphones
From a cubicle away,
Unimpressed with your half-eaten brown sandwich
And your report being absent on his desk.
He wants it by Monday,
So you must start now,

SUEÑOS

Le das un mordisco al queso cheddar
tendiéndose sobre el horizonte
en la forma de pequeñas monedas de oro.
Un tenedor vierte en tu boca
crujientes y amarillas papas fritas
librando a tus manos de la grasa,
sabiendo luego que te espera un regalo al divisar
a Elvis rumbo a ti con un sándwich de aguacate,
tratas de despertarte
porque el trabajo apremia
pero no lo logras:
Ya estás despierto,
Deborah te pregunta sobre el trabajo,
tú le dices perra,
y ella ya no está en casa.
Has llenado la refrigeradora
con ruedas de queso cheddar babybel,
y cada mañana, el café enjuaga
la enorme porción de papas fritas de McDonald's
y también tu dignidad,
sentado ahora en una silla de oficina
desplomándose bajo tus nalgas,
sin que logres hacer tu trabajo
porque simplemente no te despertarás,
tu jefe oyendo llegar al Rey
a través de tus audífonos
desde otro cubículo,
sin impresionarse con tu sándwich marrón a medio
                                    [comer
y tu reporte que está ausente sobre su escritorio.
Lo quiere para el lunes,
así que debes comenzarlo ahora,

If only your eyes could open,
Three minutes pass,
Three hours gone,
It's been three days
And then three years gone
Knowing Debora won't call you back this time
And you won't call her either.

si solo tus ojos pudieran abrirse,
tres minutos pasan,
tres horas idas,
han pasado tres días
y luego pasaron tres años
sabiendo que Deborah no te llamará esta vez
y que tú no la llamarás a ella tampoco.

RETROGRADE

The first time I got up early.
The chick had not even
poked its small babe head
over the tip of the snow covered
mountaintop.

The second time I got up just the same.
The warm glow of dawn was hidden
behind the thick wooden walls
off to the east
beyond the somber sea.

The third time I made it just before
The morning yolk slid
off the pan
and I watched it spill
into the dark blue of the sky.

The fourth time I missed it.
As I rose from my comfort,
my smile struggled to stay
stronger than the bright lights
just beginning to flow through the cracks between
[my blinds.

The fifth time I was late.
My boss asked me what my emergency was
and I told him there was no point
if I could not feel the smack of god's eyelid
sweeping me up through heaven.

Retrógrado

La primera vez me levanté temprano.
El pollito ni siquiera
había asomado su cabecita de bebé
por sobre la cumbre de la montaña
cubierta de nieve.

La segunda vez me levanté de la misma manera.
El cálido resplandor de la aurora se ocultaba
tras los gruesos muros de madera
rumbo al este
mas allá del sombrío océano.

La tercera vez lo logré justo antes
de que la yema matutina se resbalara
de la sartén
y yo la viese desparramarse
en el azul oscuro del cielo.

La cuarta vez lo perdí.
Al levantarme de mi comodidad,
mi sonrisa pugnó por permanecer
mas fuerte que las brillantes luces
comenzando recién a fluir por las rendijas de mis
                                        [persianas.

La quinta vez llegué tarde.
Mi jefe me preguntó cuál era mi urgencia
y yo le dije que no tenía sentido
si no podía sentir el chasquido del párpado de dios
alzándome por los cielos.

The sixth time I slept in.
There was no sense in boiling water for coffee
so I tossed out my Keurig and shattered my
coffee table to pieces
before returning to bed.

The seventh time I rested.
I never woke and didn't need to
as the rays were dry
and I was just as obsessed with my sheets
as I was with the sun.

La sexta vez me quedé dormido.
No tenía sentido hervir agua para el café
así que arrojé mi Keurig y rompí mi
mesita de centro en pedazos
antes de regresarme a la cama.

La séptima vez descansé.
Nunca desperté y no necesité hacerlo
ya que los rayos estaban secos
y yo estaba tan obsesionado con mis sábanas
igual que con el sol.

STATISTICAL PROBABILITY FOR THE THRESHOLD OF GOODBYE

It takes
72 hours
for the strings of your skin
to grab onto one another,
holding hands under your glass scab
until you are pieced back together.

It takes
43,800 minutes
for the arms of your hair
to climb through the sky
and stretch their bones
to flow through the air.

It takes
345,600 seconds
for the little bubbles in your nose
to fill themselves with air like balloons
and pop to scare away
the clasp in your throat.

It takes
1 second
to remind me that your heart is still
pushing liquid through your body,
warming your lips
to say the words,
and I have seen blood
making its escape from your veins.

Probabilidad estadística para el límite del adiós

Toma
72 horas
para que las cuerdas de tu piel
se agarren unas a otras,
tomándose de la mano bajo tu costra de vidrio
hasta que tus piezas se junten de nuevo.

Toma
43,800 minutos
para que los brazos de tu cabello
trepen surcando el cielo
y estiren sus huesos para
que fluyan a través del aire.

Toma
345,600 segundos
para que las pequeñas burbujas en tu nariz
se llenen de aire como globos
y exploten para ahuyentar
la grampa en tu garganta.

Toma
1 segundo
para recordarme que tu corazón sigue
empujando líquido por tu cuerpo,
calentando tus labios
para decir las palabras,
y yo he visto sangre
logrando escaparse de tus venas.

134 times,
and I have felt my fingers hit the cold breeze
as they search for the missing remainder of your
[scalp.
12 times,
and I have held you as you blew pathogens
through the air and onto my chest
4 times,
but I have seen your eyes wrinkle into a
home, where a bed of expression waits for me
as many times as the number of days it took our
[newborn to cry.

134 veces,
y yo he sentido mis dedos golpear la brisa fría
mientras buscan el resto faltante de tu cuero
                                        [cabelludo.
12 veces,
y yo te he sostenido mientras soplabas patógenos
por el aire y sobre mi pecho
4 veces,
pero he visto tus ojos arrugarse hasta ser una
casa, donde un lecho de expresión me aguarda
tantas veces como el número de días que le tomó
                        [llorar a nuestro recién nacido.

SOLITARY

Was it my face?
Maybe my teeth were too far apart
Or my breath too dry.
Or my clothes?
Maybe my oversized, black sweater was simply
Out of style.

Could it have been my voice?
Too soft and stuck pounding on my larynx in the
[pit of my gullet
Screaming to get out.
Or maybe it was them.
Maybe they were too blind to see
That you get diamonds
from carbon.

Solitario

¿Fue mi cara?
Quizás mis dientes estaban demasiado separados
o demasiado seco mi aliento.
¿O mi ropa?
Quizás mi suéter negro demasiado grande
                                    [simplemente
no estaba a la moda.

¿Podrá haber sido mi voz?
Demasiado suave y atascada martillando mi laringe
                        [en el foso de mi garganta
gritando por salir.
O quizás fueron ellos.
Quizás fueron demasiado ciegos para ver
que uno extrae diamantes.
del carbón.

Birthday

Stop jumping over the couch,
She said.
Let him be, it's his birthday,
A friend chimed in after.
Fluorescent orange going on pink liquid
Spilled from a plastic red solo cup
And stained the light cream carpet
Paid for by the university.

Please relax,
She said,
As a friend of mine grabbed me by the arm
To take my turn
And grab a pale wood brick
From our Jenga tower,
Before whipping my elbow into the
Absolute and cracking the bottle
I ran over to the toilet.
There the sea green avocado vomit
Began to sway over the side of the bowl
And splash lightly against the filthy tiles.
And again the monsoon of swampy fishwater
Culminated inside me,
This time followed by
Gargled sounds of agony.

I looked over for my friends,
My dim eyes blurring the vision
Of her ghostly sweat stained forehead.
It's okay,
She said.

CUMPLEAÑOS

Para de saltar sobre el sofá,
dijo ella.
Déjalo en paz, es su cumpleaños,
terció un amigo.
Un líquido naranja fluorescente tirando al rosado
se derramó de un vaso de plástico rojo
y manchó la alfombra crema clara
pagada por la universidad.

Relájate por favor,
dijo ella,
mientras un amigo me agarraba del brazo
para que tomara mi turno
y cogiera un pálido ladrillo de madera
de nuestra torre Jenga,
antes de lanzar mi codo
al absoluto y rompiendo la botella
corrí al baño.
Allí el vómito del aguacate color verde mar
comenzó a oscilar en el borde del tazón
y a salpicar ligeramente sobre las sucias locetas.
Y otra vez el monzón de aguas pantanosas
se anegaron en mi,
esta vez seguidas por
sonidos de estertores agónicos.

Yo busqué con la mirada a mis amigos,
mis ojos opacos empañando la visión
de su frente manchada de sudor fantasmal.
Está bien,
dijo ella.

And then her lips were pressed to my
Wet pizza covered face
And that was the most romantic birthday I ever had.

Y luego sus labios se apretaron contra mi
rostro mojado, cubierto de pizza,
y ese fue el día mas romántico que he tenido jamás.

MAN OF WAR

I tried. I tried.
I try so hard.
I'm sorry.
Words come easily for a writer.
I cast my blame in a fishing rod,
with a pointed tongue for my worm,
and before you may resist,
you are being flayed and fried for dinner.

This is the work of man of war.

What happens after the curtains fall?
When heroines and heroes have won their final
                                        [battle?
Where do insomniacs go
when they begin to dream?

What happens to the songs of love,
or the prayers,
and the poems?

What is to be when laughter is not perpetual?
And the void of a faded smile,
with what is it filled?

What if Rome never fell?
Or Charlemagne was the beginning
of France's eternal prosperity?

Doubt not serenity, but what lies ahead.

HOMBRE DE GUERRA

Lo intenté. Lo intenté.
Me esfuerzo tanto.
Lo lamento.
Las palabras acuden fácilmente a un escritor.
Yo arrojo mi culpa en una caña de pescar,
con una lengua filuda para mi gusano,
y antes de que puedas resistir,
estás siendo despellejado y frito para la cena.

Esta es la obra de un hombre de guerra.

¿Qué ocurre después que cae el telón?
¿Cuándo han ganado los héroes y las heroínas su
                                        [batalla final?
¿A dónde van los insomnes
cuando comienzan a soñar?

¿Qué les sucede a las canciones de amor,
o a las oraciones
y a los poemas?

¿Qué ocurrirá cuando la risa no sea perpetua?
¿Y el vacío de una sonrisa marchita,
con qué se llena?

¿Qué si Roma nunca hubiese caído?
¿O si Carlomagno fuese el comienzo
de la eterna prosperidad de Francia?

No dudes de la serenidad, sino de lo por venir.

In the fat scent of my own waste
I muster up tiny rosebuds to burn like matches.
Ashes dot your forehead like snowflakes.
I tried. I tried.
I'm Sorry.
Words come easily for an immortal lover.

What is a stage that plays only comedy
if rain still drops in the spring
and my chariot cracks uphill?

En el grasiento olor de mi propio desperdicio
reúno pequeños capullos para quemarlos como
[fósforos.
Las cenizas escarchan tu frente como copos de nieve.
Lo intenté. Lo intenté.
Lo lamento.
Las palabras acuden fácilmente a un amante
[inmortal.

¿Qué es un escenario que solo presenta comedias
si la lluvia todavía cae en la primavera
y mi carro de combate se raja cuesta arriba?

Upon Unborn

Here would you lie under mud and sand,
If you had grown enough to stand.
So quick did god prepare to write you in,
As everlasting the gape you left deep and thin.
Though truth be you were never here,
Forever you exist in obscure moments of fear.

AL NO NACER

Aquí yacerías bajo lodo y arena,
si hubieses crecido lo bastante para ponerte de pie.
Tan rápido se preparó dios para inscribirte,
como fue eterno el bostezo que dejaste, fino y profundo.
Si bien en verdad nunca estuviste aquí,
existes por siempre en oscuros momentos de espanto.

MILK

My baby sister
was kissed in the third floor stairwell
of my old high school.
The paint in the stairway is the same
faded crimson,
save for a few chips and
cracks running along the walls.
Or so I heard from my mother.
She didn't like milk anymore, either.
She'd avoid it at any cost.
Dipped her Oreos in water,
and ate her cereal the same way.
Soggy chunks of dark chocolate cookie
falling away from the cream,
turned to a sopping glue.
She'd like milk if she'd give it another chance.

They say the tongue changes.
Hers was wrapped around some
pre-pubescent smokers
in the locker room, the classroom,
in her bedroom all the while,
globs of chewed up
dark chocolate gunk
and macerated cream
flung from mouth to mouth.

And there I sat
quietly at a fractured table,
Watching as she
pulled a spoon to her lips.

LECHE

A mi hermanita
la besaron en las escaleras del tercer piso
de mi antigua escuela secundaria.
La pintura en las escaleras es el mismo
carmesí descolorido,
salvo algunas rajaduras y
grietas que corren a lo largo de las paredes.
Así lo escuché de mi madre.
A ella ya no le gustaba la leche tampoco.
La evitaba a toda costa.
Remojaba sus óreos en agua,
y comía su cereal de igual manera.
Empapados trozos de galletas de chocolate oscuro
desprendiéndose de la crema,
se convertían en una goma mojada.
Le gustaría la leche si le diera otra oportunidad.

Dicen que la lengua cambia.
La suya estaba envuelta en torno a algunos
fumadores pre-pubescentes
en el vestuario, el aula,
en su dormitorio todo ese tiempo,
globos mugrientos
de oscuro chocolate masticado
y de crema macerada
lanzados de boca a boca.

Y yo ahí sentado
calladamente a una mesa fracturada,
mirando cómo ella
se llevaba una cuchara a los labios.

Tap water and applejacks racing
like a free flowing river down her throat.
Pretending not to know a damn thing
about my baby sister.

Agua del grifo y cereal corriendo veloces
como un río fluyendo libre por su garganta.
Fingiendo no saber una maldita nada
acerca de mi hermanita.

LOST IN TRANSLATION

My hand curls around the edge of the bed. The sheets are a damp purple. I squeeze them between my fingers and then stand up. I cannot see and the air is thick. My arm stretches out into the nightstand. Fingers tap dance along trash and keepsakes until they come upon my glasses, and then hook onto them, like the claw machine in an arcade game.

The shower knob lets out a soft moan as the warm rain pours down. I cover my body in a blanket of steam and then a rough brown towel.

The hanging cracks beneath my eyes are dark and exposed. I rub them delicately, and stretch out my teeth in a yawn.

The sun pours down, breaking the shade of a pine. I think about trying to touch the cascading light, but the bus arrives on time.

A heavy painted sign hangs above my head. I ask the cashier if you're in, she says no.

I grip the bottom of my chair, my palms harsh against the concrete. My eyelids sway back and forth, as the colors of the classroom begin to warp and fade. The clock freezes in place before evaporating onto the ceiling, and I spend the rest of the hour drawing in my notebook.

A marker squeaks against a whiteboard. Its rhythm attracts my ears, then everyone is writing, and a question gets asked that I miss. The professor reaches out with a long, hairy arm. Between his knuckles, he holds a folded blue book with the

Perdidas en la traducción

Mi mano se enrosca en torno al filo de la cama. Las sábanas son un púrpura húmedo. Las estrujo entre mis dedos y luego me pongo de pie. No puedo ver y el aire es denso. Mi brazo se estira hacia la mesa de noche. Dedos bailan zapateando por la basura y los recuerdos hasta que caen encima de mis anteojos, y luego se enganchan a ellos, como la garra mecánica en un juego ferial.

La llave de la ducha deja escapar un suave gemido mientras la cálida lluvia cae a chorros. Yo cubro mi cuerpo en una manta de vapor y luego en una áspera toalla marrón.

Las grietas colgantes debajo de mis ojos son oscuras y expuestas. Las froto con delicadeza y desperezo mis dientes en un bostezo.

El sol se vierte hacia abajo, quebrando la sombra de un pino. Pienso en intentar tocar la luz cayendo en cascadas, pero el bus llega a tiempo.

Un letrero densamente pintado cuelga por sobre mi cabeza. Le pregunto a la cajera si estás. Ella dice que no.

Yo agarro el fondo de mi silla, las palmas de mis manos ásperas contra el concreto. Mis párpados oscilan de un lado a otro, mientras los colores del aula comienzan a curvarse y a desaparecer. El reloj se congela en su sitio antes de evaporarse sobre el cielo raso, y yo paso el resto de la hora dibujando en mi cuaderno.

number fifty five written in red ink. A student asks how I did and I lie. I send a shiver along my cheek as I press a smile into place.

I lock eyes briefly with another student, but a professor walks in front of him, breaking our gaze. I take the moment to wonder if they know where they are. Pens hit paper, but only eyes hit mine. The words that once spilled out from my nails are now lost in translation. A weathered grin invites us all to a poetry reading, and I can no longer hear the beat or see the stars of the damp spring night. The capillaries that run across my brain throb in my face, as the wrinkles around my eyes are tucked together. I go home instead.

The back of my hand crushes silently against a chipped wooden door, and it swings open, smacking against a putrefying wood wall. The heel of my grey boot claps once against the floorboards, before hitting tile. A pockmark white door stands ajar before me. Inside, you sit morbidly hunched over a screen. My dry lips break away from one another, but before I move to speak, you're looking up with sad black eyes, fixed hard onto my chest. I pull you in, pasting your cheek against my skin, pushing your lips between the buttons of my shirt. My head rests across your own. My heart sits in your lap.

Un marcador chirría contra una pizarra blanca. Su ritmo atrae mis oídos, luego todos están escribiendo, y alguien hace una pregunta que se me escapa. El profesor extiende un brazo largo, peludo. Entre sus nudillos, él sostiene un libro azul plegado con el número cincuenta y cinco escrito en tinta roja. Un estudiante pregunta cómo me fue y yo miento. Envío un temblor por mi mejilla mientras presiono una sonrisa a su sitio.

Engancho mis ojos con los de otro estudiante, pero un profesor se coloca delante de él, rompiendo nuestra mirada. Aprovecho el momento para preguntarme si ellos saben dónde están. Bolígrafos golpean el papel, pero solo ojos golpean el mío. Las palabras que una vez se desparramaron de mis uñas están ahora perdidas en la traducción. Una mueca curtida nos invita a todos a una lectura poética, y yo ya no puedo oír el compás o ver las estrellas de la húmeda noche primaveral. Los capilares que corren por mi cerebro laten en mi cara, mientras las arrugas en torno a mis ojos se arropan unas con otras. Mas bien decido irme a casa.

El dorso de mi mano choca en silencio contra una puerta de madera astillada, y se abre de par en par golpeándose contra una pared de madera putrefacta. El tacón de mi bota gris aplaude una vez contra las tablas del piso, antes de darse contra las locetas. Una puerta blanca agrietada se alza entreabierta delante mío. Adentro, tú estás sentada mórbidamente encorvada sobre una pantalla. Mis secos labios se separan uno del otro, pero antes de que me mueva para hablar, tú estás mirando hacia arriba con ojos tristes y negros, fijos duramente en mi pecho. Te atraigo hacia mi, pegando tu mejilla contra mi piel, empujando tus labios por entre los botones de mi camisa. Mi cabeza descansa sobre la tuya. Mi corazón se sienta en tu regazo.

Memory

The dark-wood closet
Is filled with grimy boxes
Packed with fractured bones
And assorted gummy bears
Elapsed, sticky, rotten.

MEMORIA

El armario de madera oscura
está lleno de cajas mugrientas
empacadas con huesos fracturados
y variados ositos gelatinosos
caducos, pegajosos, podridos.

LIES

You'll find me
Under a rotting oak,
Reading.
You can ask me
To tell you stories,
And I will laugh
And read to you.
I speak with a whisper.
My words are fleeting comets,
So you listen closely
And write them all down.
As the sun cracks the sky,
You tell me your secrets.
I am a good listener.

The wind dances
With the cut grass
Between my toes.
I am up at dawn
To watch over the graves
In our backyard.
We leave rocks by the headstones,
And I tell you
That you are so pretty,
And that is why I cry.
We eat oatmeal together.
We are pinnacles of physical
And emotional health.

At the cliff's edge,
We sing in hushed voices.

MENTIRAS

Tú me encontrarás
bajo un roble pudriéndose,
leyendo.
Puedes pedirme
que te cuente historias,
y yo reiré
y leeré para ti.
Yo hablo con un susurro.
Mis palabras son fugaces cometas,
entonces tú escuchas con atención
y las anotas todas.
Mientras el sol raja el cielo,
tú me cuentas tus secretos.
Yo soy un buen interlocutor.

El viento danza
con la hierba cortada
por entre los dedos de mis pies.
Me levanto al alba
para vigilar las tumbas
en nuestro patio.
Dejamos piedras sobre las lápidas,
y yo te digo
que eres tan bonita,
y es por eso que lloro.
Comemos harina de avena juntos.
Somos pináculos de salud
física y emocional.

Al filo del precipicio,
cantamos con aplacadas voces.

The birds join in,
And we cannot keep up.
We whistle with no speed,
Mocking the blue jays,
And bounce on the bedsheets
Trying on clothes,
Before we head out
For a night amongst many friends.
Goblets raised high,
Are swung at the roof.
Music travels like a warm wind,
Tickling our shoulder bones
And ankles.
We waltz and tango,
We dance the salsa together.
Everyone's eyes are on us,
And we love them all.

Los pájaros se unen a nosotros,
y nosotros no podemos seguirlos.
Silbamos sin prisa,
mofándonos de los grajos,
y brincamos sobre las sábanas
probándonos ropas,
antes de salir
a pasar una noche entre muchos amigos.
Copas alzadas en alto
son lanzadas hacia el techo.
La música viaja como un cálido viento,
cosquilleando nuestros omóplatos
y tobillos.
Bailamos valses y tangos,
bailamos salsa juntos.
Los ojos de todos se posan en nosotros,
y nosotros a todos amamos.

TAKE EVERYTHING

The showerhead washes the grit from my face
As I slow down long enough to see you
Fading under your linen sheets.

Don't go,
I want to whisper into your ear,
Scream at your dry tears,
Write in the sky with a jet plane.
But I don't.
Because you're too far gone to hear a whisper,
Too numb to the sounds of my screams,
And I'm afraid of heights.

I let out a chuckle
Because laughing is better than wounding.
The calendar is empty,
Hanging on a cracked wall
With all its pages torn and tossed
Into our overflowing garbage bin.

I want to kick it,
Knock it over
And watch the contents of our years
Spill by me
Like a river of lost blood.

But I'm too tired.
I don't want my heart back.
I don't want to tape those pages
Collected in chronological order.

LLÉVATE TODO

El chorro de la ducha lava la arena de mi cara
mientras me detengo lo suficiente para verte
desvaneciéndote debajo de tus sábanas de lino.

No te vayas,
quiero susurrarte al oído,
gritar a tus lágrimas secas,
escribir en el cielo con un avión a chorro.
Pero no lo hago.
Porque te has alejado demasiado para oír un
                                    [susurro,
demasiado insensible al sonido de mis gritos,
y yo le temo a la altura.

Suelto una risa
porque reír es mejor que herir.
El calendario está vacío,
colgando sobre una pared agrietada
con todas sus hojas rotas y arrojadas
a nuestro rebosante tacho de basura.

Quiero darle una patada,
tumbarlo
y mirar el contenido de nuestros años
derramarse en mi
como un río de sangre perdida.

Pero estoy demasiado agotado.
No quiero recuperar mi corazón.
No quiero pegar esas hojas
coleccionadas en orden cronológico.

I don't want the paintings we made together,
The words I regret saying
Or those poems you never read.

I don't want the hours we devoted
To blowing away responsibility
Watching sitcoms on the filthy rug.

Take everything.
Take the silence.

No quiero las pinturas que hicimos juntos,
las palabras que lamento haber dicho
o esos poemas que nunca has leído.

No quiero las horas que dedicamos
a disipar la responsabilidad con un soplo
mirando telecomedias sobre la mugrienta alfombra.

Llévate todo.
Llévate el silencio.

Alzheimer's

Reclining against a wreathing pine, I try to remember.
Aged, unlike fine wine or cheese, I cannot remember.

This lot envelopes my sense of direction, my sons, and my
[daughter.
I have lost you, only because I forgot to remember.

Under which stone did you leave me?
Please, tell me the story of how we met, if it is something
[you remember.

I search for you here, at night.
Under the same moon, same stars that always remember.

Your hair, the curve of your lips return to me.
Engravings test how much I remember.

Letters spill across the rock into a name I recognize as your
[own.
I want to tell you I am here, but mine I fail to remember.

ALZHEIMER

Recostado contra un pino retorcido, trato de recordar.
Envejecido, diferente a un fino queso o a un vino, no puedo
[acordarme.

Este destino envuelve mi sentido de orientación, a mis hijos
[y a mi hija.
Te he perdido, sólo porque olvidé recordar.

¿Debajo de qué piedra me dejaste?
Cuéntame, por favor, la historia de cómo nos conocimos,
[si es algo que recuerdas.

Yo te busco aquí, de noche.
Bajo la misma luna, las mismas estrellas que siempre
[recuerdan.

Tu cabello, la curva de tus labios vuelven a mi.
Grabados ponen a prueba cuánto recuerdo.

Letras se desparraman por la roca en un nombre que
[reconozco como tuyo.
Quiero decirte aquí estoy, pero del mío no logro acordarme.

FUNERALS

A forest green metal door shut loudly behind me.
We were strangers,
And my family hugged me tight.
Artichoke walls expanded around me,
Placing a bed far too large for one man
In the center of a new bedroom
That was supposed to be mine.
A coldness wrapped itself around my wrist
Like the hand of a parent I could not remember,
As I turned the doorknob,
And escaped.

I tangoed with the familiar warmth
Of meatballs and spaghetti,
Thick in the air of an old friend's apartment.
You were there,
And so was his girlfriend at the time
And we sat in a small circle,
Mugs of alcohol and dice
Waltzing between us.

That's when his brother came in.
Your hair looks nice,
I said at his choppy brown sea,
But only before he was kicked out
For being too young.
I'm headed out anyways.
And so he left.

Trees crouched over us,
Dropping their leaves at our heels

FUNERALES

Una puerta de metal verde bosque se cerró
                    [ruidosamente tras de mi.
Nosotros éramos extraños,
y mi familia me abrazó con un apretón.
Paredes de alcachofa se expandieron a mi alrededor,
colocando una cama mas que demasiado grande
                              [para un hombre
en el centro de un dormitorio nuevo
que se suponía iba a ser mío.
Un frío se enrolló en torno a mi muñeca
como la mano de un padre que yo no podía recordar,
mientras daba vuelta a la perilla de la puerta,
y huí.

Bailé tango con el calor familiar
de tallarines y albóndigas,
denso en el aire del apartamento de un viejo amigo.
Tú estabas allí,
y también estaba su novia del momento
y nos sentamos en un pequeño círculo,
jarras de alcohol y dados
valsando por entre nosotros.

Ahí fue cuando entró su hermano.
Está lindo tu cabello,
dije a su pardo mar picado,
pero solo antes de que fuese expulsado a patadas
por ser demasiado joven.
De todos modos ya me estoy yendo.
Y entonces se fue.

As we made our way to my grandmother's.
Her mother lay on her back,
Eyelids shut like solid metal doors,
With only a thin white viscous thread
To separate them.
Her lips had lost their color,
Fading into her face,
Leaving behind an amalgamation of skin
And nothing else.
Patches of hair reached out like weeds
On an overgrown lawn.

She rocked forward,
Without pattern,
Moaning silently to herself.
I whispered into her ears and then we left.
Not a block away
My pocket called to me,
A jackhammer against my brain.
My friend's brother was dead.

A cocktail of self-medication
Down the hatch,
Add heroin to taste.
He was cremated.
His service was that Saturday.
We went together.
You watched as I clung to my friend,
Arms tangled around his ribs,
Clutching at his grey jacket.
I sobbed until I lost my voice,
As he pat my back softly
With love in his palm.

Los árboles se agazapaban sobre nosotros,
dejando caer sus hojas en nuestros talones
mientras nos abríamos camino a casa de mi abuela.
Su madre yacía de espaldas,
cerrados los párpados como sólidas puertas de
                                          [metal,
con solo un delgado, blanco y viscoso hilo
para separarlos.
Sus labios habían perdido su color,
disolviéndose hacia el interior de su rostro,
dejando detrás una amalgama de piel
y solamente eso.
Trozos de cabello se extendían como hierbas
sobre un césped demasiado crecido.

Ella se meció hacia adelante,
sin método,
quejándose en silencio para sus adentros.
Le susurré al oído y luego nos fuimos.
Ni a una cuadra
me llamó mi bolsillo,
un taladro contra mi cerebro.
El hermano de mi amigo había muerto.

Un cóctel de medicamentos auto recetados
gaznate abajo,
agréguese heroína al gusto.
A él lo cremaron.
Su servicio religioso fue ese sábado.
Nosotros fuimos juntos.
Tú mirabas mientras yo me aferraba a mi amigo,
brazos enredados en torno a sus costillas,
prendiéndome de su gris chaqueta.
Sollocé hasta que perdí la voz,

My friend was stoic.
He did not weep.
It was not expected of him
To weep for his brother
Who he told on his last night to
Get out.
A week later you held my hand.
If not for my long pants,
My ankles would have been bruised
By the tallgrass whipping in the wind.
THUD.
It was my turn to pick up the shovel,
Dust and brown crumbling rocks
Racing against me,
Slid off the end of the metal,
Tapping on her modest wood.
I loosened my grip.
THUD
Forcing my eyes,
I watched the rest pick up the shovel
One by one.
Muere ya.
You hadn't heard me say it.
I had never been stoic.
Tears began to stream down my face,
As you pressed me tight against your chest.
THUD.

THUD.

THUD.

mientras él golpeaba suavemente mi espalda
con amor en la palma de su mano.

Mi amigo era estoico.
No lloró.
No se esperaba eso de él,
llorar por su hermano
a quien en su última noche le dijo
fuera de aquí.
Una semana mas tarde tú cogiste mi mano.
Si no fuese por mis pantalones largos,
mis tobillos hubiesen resultado magullados
por la alta hierba chicoteando en el viento.
PLAF.
Era mi turno para recoger la pala,
polvo y rocas marrones desmoronándose,
corriendo contra mi,
resbalaron del extremo del metal,
tamborileando sobre su modesta madera.
Aflojé el puño.
PLAF.
Forzando mis ojos,
observé al resto alzar la pala.
Uno por uno.
Muere ya.
Tú no me habías oído decirlo.
Yo nunca había sido estoico.
Las lágrimas comenzaron a escurrirse por mi rostro,
al tú apretarme fuertemente contra tu pecho.
PLAF.

PLAF.

PLAF.

Everything

When I write,
people think I have something to say,
but I don't.
When I speak,
the way I do between each breath,
and it seems like I will never stop speaking,
people think I have something to say,
but I don't.

When I fail,
the way I do when I push too hard,
which I do all of the time,
only because I care too much,
though it seems today
that people prefer caring just enough,
the right way,
people think I have something to say,
to explain myself,
to prove something,
but I don't.

When I give in,
when I am anxious
and angry,
when you call me curious
and you admire that,
when you don't care and then you do
and I'm just so tired but I don't want to sleep
so I stay up feeling guilty,
squandering hours like popping pills,
people think they know and they smile,
but they don't.
And I don't.

TODO

Cuando escribo,
la gente cree que tengo algo que decir,
pero no es así.
Cuando hablo,
de la manera en que lo hago entre cada aliento,
y parece como si nunca pararé de hablar,
la gente cree que tengo algo que decir,
pero no es así.

Cuando fracaso,
como lo hago cuando pongo demasiado esfuerzo,
cosa que hago todo el tiempo,
sólo porque me importa demasiado,
aunque parece que hoy en día
la gente prefiere preocuparse sólo lo bastante,
de forma correcta,
la gente cree que tengo algo que decir,
para explicarme a mi mismo,
para probar algo,
pero no es así.

Cuando me rindo,
cuando estoy ansioso
y con rabia,
cuando me llamas curioso
y me admiras por eso,
cuando no te preocupa y después sí
y yo estoy tan cansado pero no quiero dormir
y me quedo despierto sintiéndome culpable,
despilfarrando horas como se tragan píldoras,
la gente cree que sabe y sonríe,
pero no lo sabe.
Y yo tampoco.

The Latino Man Tells Us not to Worry About the Jews

We don't guise it, but it remains.
They do not see us with eyes;
you need not wish they would.

Yes, we are of their kin.
Never believe you are
trapped in between.

But, mother,
in the boiling water is tossed vinegar,
and I, in the center.

In the big blue beauty,
the sea does not kiss the sun,
and I, in the center.

When you passed from here to heaven
The earth moved fast and the clouds blocked the
                                    [stars,
and I, in the center.

The artist paints without me.
The ceviche does not invite my soul.
Look for me in the guefilte fish, and it will be void.

No, search the black sky,
open into the endless spaces between us,
and there will I lie, alone.

EL HOMBRE LATINO NOS DICE QUE NO NOS PREOCUPEMOS DE LOS JUDÍOS

No lo disfrazamos, pero queda.
Ellos no nos ven con ojos;
tú no necesitas desear que lo hagan.

Sí, somos de su estirpe.
Nunca creas que estás
atrapado en el medio.

Pero, madre,
en el agua hirviendo se ha vertido el vinagre,
y yo, en el centro.

En la gran belleza azul,
el mar no besa al sol,
y yo, en el centro.

Cuando pasaste de aquí al cielo
la tierra se movió veloz y las nubes bloquearon las
                                        [estrellas,
y yo, en el centro.

El artista pinta sin mi.
El ceviche no invita a mi alma.
Búscame en el guefilte fish, y estará vacío.

No, sondea el cielo negro,
abierto a los interminables espacios entre nosotros,
y allí reposaré yo, solo.

CANADIAN GEESE FLY SOUTH FOR THE WINTER

He was a man with a long beige coat in his arms and a grey wool cap on his head. He dug his heels into the snow, allowing a soft steady stream of pale sludge to seep around his socks, as he watched a woman strangle a goose.

Earlier he had been a man in a small blue house asking his mother for money. Money that she would refuse to lend her son. Money that he would have spent on a diamond the color of ice for a woman he thought he loved.

The man had spent all week in his newly painted Toyota Camry, a red shrieking box, clawing its way from one jewelry store to the next.

The paint had dried an ugly shade and everyone had seemed to notice but him. Even his girlfriend hated the way the jalopy always had to stand out, an overly saturated signal to all prospective buyers that she was cheap.

It wasn't that his mother disliked his girlfriend, so much as it was that his mother thought she could do better. The man, with less cash than expected and his final paycheck from his newly sacked career, took to a discount charm shop, where he spent all he had on a fake diamond ring.

After returning to a bright yellow early termination notice taped to the front of a door whose eggshell paint had long faded away, boxes stacked low against an uneven, off-white wall, parallel to the street, were loaded into the small red car, and driven to a motel. A motel that the man

Gansos canadienses vuelan al sur por el invierno

Él era un hombre con un largo abrigo beige en sus brazos y un gorro gris de lana sobre su cabeza. Clavó sus talones en la nieve, dejando colarse un chorro suave y continuo de pálido lodo en torno a sus medias mientras observaba a una mujer estrangulando a un ganso.

Antes él había sido un hombre en una pequeña casa azul pidiéndole dinero a su madre. Un dinero que ella rehusaría prestarle a su hijo. Dinero que él hubiese gastado en un diamante del color del hielo para una mujer que creía amar.

El hombre había pasado toda la semana en su recién pintado Toyota Camry, un cajón rojo y chillón, avanzando a arañazos de una joyería a otra.

La pintura había secado una sombra fea y todos parecían haberse percatado excepto él. Incluso su novia detestaba la manera en que la carcocha siempre tenía que resaltar, una señal excesivamente saturada para todos los posibles compradores de que ella era tacaña.

No era que a su madre le disgustara su novia, sino que su madre pensaba que ella podía conseguir algo mejor. El hombre, con menos dinero del que esperaba y él último cheque de su recién eliminada carrera, se dirigió a una tienda de baratijas, donde gastó todo lo que tenía en un anillo de diamantes falso.

Después de regresar a una brillante, amarilla y temprana notificación de desalojo pegada en el frente de una puerta

could not afford, and so the boxes were driven to a nearby park, where he pulled out a Motorola cellphone from a torn pocket inside his overcoat, and attempted to make a call. Three long tones, each of different length, revealed to the man that his phone plan had expired, following a failure to keep up with incoming bills. The man sobbed.

His tears streamed down his frozen cheeks, sledding off the sides of his face, doing tricks in the cold winter air before plummeting to join the snowflakes, moments away from being flattened by their maker's boot.

The man proceeded to a distant payphone, and begged on the street for money, until the night crept up toward the clouds, and he had collected enough coins to call his girlfriend.

The man who had wanted to propose to his girlfriend who he thought he loved, had stood by a solid lake, waiting, and was now attempting to toss a counterfeit diamond into the water. But the lake was covered by a thick milky sheet, and the ring was safe.

As the warm realization sunk into the man's cheeks, he was overcome with a desire to retrieve the ring, and return it for a month's rent at the motel. It would have been a good thing that the water had frozen over, but even the thick icy shell could not support the weight of the man's bad fortune, and it cracked under his boots, trailing a long path toward the ring, and finally, swallowing it whole as a whale might swallow thousands of krill at once.

All would have seemed lost, if not for a small plucky goose, who had been trapped under the frozen lake, who should

cuya pintura mate se había descolorido largo tiempo atrás, cajas hacinadas contra una pared irregular y blanquecina, paralela a la calle, eran subidas al pequeño carro rojo, y llevadas a un motel. Un motel que el hombre no podía pagar, y entonces las cajas fueron llevadas a un parque cercano, donde él sacó un celular Motorola de un bolsillo roto del interior de su abrigo, e intentó hacer una llamada. Tres tonos largos, cada uno de distinta duración, le revelaron al hombre que su plan telefónico había expirado, incapaz de seguir pagando las cuentas que le llegaban. El hombre sollozó.

Sus lágrimas fluyeron por sus congeladas mejillas, deslizándose por los bordes de su cara, haciendo maromas en el frío aire invernal antes de caer a plomo para juntarse con los copos de nieve momentos antes de ser aplastadas por la bota de su creador.

El hombre se dirigió a un distante teléfono público y mendigó dinero en la calle hasta que la noche trepó hacia las nubes, y ya él había reunido suficientes monedas para llamar a su novia.

El hombre que había querido pedirle la mano a su novia a quien creía amar, se había detenido en un lago congelado, esperando, e intentaba ahora arrojar un diamante falso al agua. Pero el lago estaba cubierto por una gruesa y lechosa capa y el anillo estaba a salvo.

Mientras la cálida comprensión se hundía en las mejillas del hombre, a este le acometió el deseo de rescatar el anillo, y de devolverlo para pagar un mes de alquiler en el motel. Podría haber sido algo bueno que el agua se había congelado, pero incluso la gruesa corteza de hielo no podía sostener el peso de la mala fortuna del hombre, y se partió bajo sus botas, trazando un largo camino hacia el anillo, y finalmente, tragándoselo entero como se tragaría una ballena miles de kril de golpe.

have been dead, but who was miraculously saved by a man in a beige coat and a grey wool cap. The goose, with ice between its feathers, failed to take off toward the fleeting warm sun.

The man peeled off his only protection against the cold, and began to chase the goose through the park. Losing sight of the bird, the man shook as he followed its tracks, finally catching up to the goose, whose neck now stood stiff, like a spear, between the gloved hands of a curly brunette woman. The girlfriend, who had been waiting for the man, and wanted only to relay the news that she had met someone else, had been attacked by the goose, who had failed to take to the sun, now covered by a dark sheet of stars and indifference.

Normally, the man would have called out. If not for the woman, for the helpless goose, who he had, by then, named after himself. But this time, the man watched. Planting his heels into the snow, his eyes met eyes with the goose, and they watched each other as the bird with the man's name became dead.

The man shifted, his steps short and fast following the imprints in the snow, leading to his car. The car that he could not find again. The car that had been towed for illegal parking. The car that his girlfriend hated, that the man tried so hard to find, only to run into her, who awkwardly broke up with him in the dead of night, in the middle of winter, in a foreign park. She did not offer him money. She did not offer him a ride.

Hubiese parecido que todo estaba perdido, de no ser por un pequeño e intrépido ganso, que había quedado atrapado debajo del lago congelado y que debería haber estado muerto, pero que había sido salvado de milagro por un hombre en un abrigo beige y un gorro gris de lana. El ganso, con hielo por entre sus plumas, no logró despegar hacia el fugaz y cálido sol.

El hombre se desprendió de su única protección contra el frío, y comenzó a perseguir al ganso por el parque. Perdiendo de vista al ave, el hombre temblaba mientras seguía sus huellas, alcanzando finalmente al ganso, cuyo cuello ahora permanecía tieso, como una lanza, entre las enguantadas manos de una mujer de cabello crespo castaño. La novia, quien había estado esperando al hombre, y que solo deseaba transmitir la noticia que había conocido a otro, había sido atacada por el ganso, que no había logrado despegar hacia el sol, tapado ahora por una oscura capa de estrellas e indiferencia.

Normalmente, el hombre hubiese gritado. Si no por la mujer, por el indefenso ganso, a quien, para entonces, él le había puesto su propio nombre. Pero esta vez, el hombre miró. Plantando sus talones en la nieve, sus ojos chocaron con los ojos del ganso, y ellos se miraron mientras el ave con el nombre del hombre quedó muerto.

El hombre se dio vuelta, sus pasos cortos y rápidos siguiendo las huellas en la nieve, conduciéndolo a su carro. El carro que no pudo volver a encontrar. El carro que había sido remolcado por parqueo ilegal. El carro que detestaba su novia, que el hombre tanto se esforzó en encontrar, solo para toparse con ella, quien rompió torpemente con él en plena noche, en medio del invierno, en un parque extraño. Ella no le ofreció dinero. No le ofreció llevarlo en su carro.

GLASS

My eyes swim laps, as I search for
Myself at the bottom of a glass.
Voices call out at one another.
My vision is consumed by
Motion lines and hands.
A question is knocked
Towards me. I try to
Speak, but my
Lips are dry,
And
I
Need
One
More
Drink.
I cough out,
An answer to the call.
Realizing too late that I've
Been talking for a while. You seem
Disappointed, and I know I've said too much.

COPA

Mis ojos nadan idas y vueltas, mientras
me busco en el fondo de una copa.
Voces se llaman unas a otras.
Mi visión la embargan
líneas y manos en movimiento.
Una pregunta es lanzada
hacia mi. Intento
hablar, pero mis
labios están secos,
y
yo
necesito
un
trago
mas.
Toso
una respuesta a la llamada
percatándome demasiado tarde que
he estado hablando un buen rato. Tú pareces
decepcionada, y yo sé que he dicho mas de la cuenta.

DRINK

Before this year I was not an alcoholic. I'd lie across my furrowed white comforter drinking Canada Dry and playing cheap video games on my computer. Watch videos on the internet until the sun set and I'd worry about classwork and socialization tomorrow.

Before this year I sketched tree roots in my notebooks, and had romantic nights with fake Walmart-lit candles. I bundled up in the winter and took petite walks in the crusty fall, all the while trying to overlook the pending problems I'd left out for myself, in dried coffee staining my notes and cold pizza dimming my mind.

Before this year I hadn't yet tried to be something. I'd been spared from the vast contacts and plastic smiles, stretching out like fragmented spider webs, the sticky nights of exudate and booze, discolored, but who cared anymore, or the artificial effort on an imaginary number held up over my head like a traffic sign. No one, spare my professor or father, turned in their sleep when I forgot about them for a while.

Before this year I was not holding down piss to chat with you, or stealing food as my money had been more wasted than I. Before this year I was not crying from one arm, coughing up the last of my patience for my best friend, for myself. Before this year I was not an alcoholic.

TRAGO

Antes de este año yo no era un alcohólico. Solía recostarme sobre mi arrugado edredón blanco tomando Canada Dry y jugando videojuegos inocuos en mi computadora. Miraba videos en la internet hasta que el sol se ocultaba y ya me preocuparía de los estudios y de socializar mañana.

Antes de este año yo dibujaba raíces de árboles en mis cuadernos, y tuve noches románticas con velas de Walmart falsamente encendidas. Me arropaba en el invierno y daba breves paseos en el áspero otoño, todo el tiempo intentando apartar los problemas pendientes que había dejado para mi, en el seco café manchando mis notas y la fría pizza empañando mi mente.

Antes de este año aún no había intentado ser algo. Me había librado de los vastos contactos y las sonrisas plásticas extendiéndose como telarañas trozadas, las noches pegajosas de sudor y trago, descoloridas, pero a quién le importaba, o el esfuerzo artificial en un número imaginario sostenido por sobre mi cabeza como una señal de tránsito. Nadie, salvo mi profesor o mi padre, se revolcó en su sueño cuando me olvidé de ellos por un tiempo.

Antes de este año yo no retenía la orina para conversar contigo, o robaba comida al haber sido mi dinero mas malgastado que yo. Antes de este año yo no estaba llorando de un brazo, esputando lo último de mi paciencia para mi mejor amigo, para mi mismo. Antes de este año yo no era un alcohólico.

APOLOGY

A finger pulls up away from
A paper basket of fries.
You watch as the potato
Lodges itself between her teeth.
Your tight lips uncurl
To offer a napkin,
And maybe a fork if she wants one,
But she only gives you that look.
She turns back toward me.
We start to talk,
But are quickly drowned out
By the cacophony of pedestrian voices.
You chuckle along with us,
But your voice hangs alone in the air,
And you are disturbed by its silence.

You look down at your drink,
Which is now nothing
But melting ice cubes,
Dribbling across one another,
Forming tiny rivers
That sweep you away from the table.

You're under water.
Your arm reaches out at the surface
As you grasp for straws,
Before you sink to the ocean floor.
I want to jump in after you,
But I don't remember how to swim,
And you can hold your breath forever.

APOLOGÍA

Un dedo se detiene lejos
de un cucurucho de papel con papas fritas.
Tú observas cómo la papa
se aloja entre los dientes de ella.
Tus apretados labios se desrizan
para ofrecer una servilleta,
y tal vez un tenedor si ella lo deseara,
pero ella solo te entrega esa mirada.
Ella regresa hacia mi.
Comenzamos a hablar,
pero rápidamente nos envuelve
la cacofonía de voces pedestres.
Tú ríes con nosotros,
pero tu voz cuelga solitaria en el aire,
y te perturba su silencio.

Tú bajas la vista hacia tu trago,
que ahora es solo
cubitos de hielo derritiéndose,
escurriéndose uno a través del otro,
formando riachuelos
que te arrastran lejos de la mesa.

Estás bajo agua.
Tu brazo se estira hacia la superficie
al intentar agarrar los sorbetes
antes de hundirte hacia el suelo marino.
Yo quiero zambullirme tras de ti,
pero no recuerdo cómo se nada,
y tú puedes aguantar la respiración para siempre.

Goosebumps

Is there anything in the world
sadder than true love?
Is there anything more
morose than perfection,
than a dream come true?

Today I wrecked my shoes.
The mud swallowed them
and I stood there, toes numb
and shriveled like crumpled plastic.

I came home and sat my chin on your
heated cotton skin,
and you smiled.
We looked at the blue soot
and laughed at the urban painting
I had made on our floor.

And your hands
slithered around my arms,
taking me back
to before we ever kissed
or locked fingers,
swinging together
like children at a park.

In highschool,
when the running club
was out practicing,
when flowers called over to the bees
and we watched them

PIEL DE GALLINA

¿Hay algo en el mundo
mas triste que el amor verdadero?
¿Hay algo mas
hosco que la perfección,
que un sueño hecho realidad?

Hoy arruiné mis zapatos.
Se los tragó el lodo
y me quedé allí, los dedos entumecidos
y arrugados como un plástico hecho trizas.

Llegué a casa y senté a mi mentón en tu
piel de ardiente algodón,
y tú sonreíste.
Miramos el hollín azul
y nos reímos de la pintura urbana
que yo había hecho en nuestro piso.

Y tus manos
se deslizaron alrededor de mis brazos,
remontándome
a antes de que nos besáramos
o entrecruzáramos nuestros dedos,
columpiándonos juntos
como niños en un parque.

En la secundaria,
cuando el club de corredores
estaba afuera entrenando,
cuando las flores llamaban a las abejas
y nosotros las mirábamos

in the fields.
The air was thick,
pressing sweat into my hair and eyes.
Friends laughed together
and at each other.

I imagined the red
pouring into your cheeks
as your lips opened up
and you filled the sky
with your own sounds of mirth.
I moved over to tell you a joke,
and my hand brushed against your side.

There I left it,
as your blood warmed my core.
and goosebumps crawled over my skin.

I looked over our small apartment
and your red shaded dimple.
I checked my arm,
where my skin
lay coated in comfort
and still in homogenous warmth.

en los prados.
El aire era denso,
exprimiendo sudor a mi cabello y mis ojos.
Los amigos se reían juntos
y uno del otro.

Yo imaginé el rojo
derramándose en tus mejillas
al abrirse tus labios
y tú llenaste el cielo
con tus propios sonidos de júbilo.
Me acerqué para contarte un chiste,
y mi mano rozó tu costado.

Allí la dejé,
mientras tu sangre entibiaba mi corazón
y la piel se me ponía de gallina.

Miré nuestro pequeño apartamento
y tu hoyuelo sombreado de rojo.
Me examiné el brazo,
donde mi piel
reposaba revestida de alivio
y quieta en un calor homogéneo.

Stay

The stones were made of foam.
They would leap up from the dirt like bullets,
As if the world were on its side.
Time used to feign in your presence.
The foam stones have grown.
The boulders now look like the art
Of a dried out mother
In need of –

We used to watch them melt by the moon.
She would wake at dawn's whisper
To sneak a smile of pride.

You had been feeding her foam.
She grows deeply ill, but
You are no longer around to see it.

No one is disappointed now.
Our children love you because
They never knew you.

Sometimes I see you when I visit.
They stand, now more tall and arrogant,
Casting shade over the slim round slab.

QUÉDATE

Las piedras estaban hechas de espuma.
Brincaban del lodo como balas,
como si el mundo estuviese de costado.
El tiempo solía fingir en tu presencia.
Las piedras de espuma han crecido.
Los peñascos ahora parecen el arte
de una madre marchita
necesitada de-

Nosotros solíamos verlos derretirse bajo la luna.
Ella despertaba con el susurro del alba
para dejar asomar una sonrisa orgullosa.

Tú habías estado alimentándola con espuma.
Ella se pone profundamente enferma, pero
tú ya no estás allí para verlo.

Nadie está desilusionado ahora.
Nuestros hijos te aman porque
nunca te conocieron.

A veces te veo cuando voy de visita.
Ellos se ponen de pie, ahora mas altos y mas
                                        [arrogantes,
proyectando sombra sobre la delgada y redonda
                                        [losa.

FUNERAL

Standing at your side,
I see you for the first time,
Unlike me, absolved.

FUNERAL

De pie a tu lado,
te veo por la primera vez,
distinto a mi, absuelto.

STANDARDS

He stared
As she fell asleep
In his lap.
The whispers of a movie
Playing from a hot laptop
Entered her sleeping ears,
And she rustled and wiggled in his arms.
She was having a nightmare,
So he pulled her in close,
And she relaxed at the warmth
Of his chest.

A smile unfolded across his face
As she woke
And snuggled her head under his.
They rose like two sunflowers,
Growing together toward the sky,
Giggling as they made their way
To the coffee table,
Where
He stared
As she did her work.
She twirled her
Thick brown curls
As she struggled
To remember her notes.
But
Watching her chew
On that eraser
Killed him.

Estándares

Él miraba
cómo ella se quedaba dormida
sobre su regazo.
Los susurros de una película
proyectándose desde una laptop caliente
penetraron en sus dormidos oídos,
y ella vibró y culebreó en sus brazos.
Estaba teniendo una pesadilla,
entonces él la atrajo hacia sí,
y ella se sosegó en la calidez
de su pecho.

Una sonrisa se desplegó por su rostro
cuando ella despertó
y acurrucó su cabeza debajo de la suya.
Se levantaron como dos girasoles,
creciendo unidos hacia el cielo,
riéndose nerviosamente mientras se abrían camino
hacia la mesita de centro
de donde
él miraba
mientras ella hacía su trabajo.
Ella enroscó sus
tupidos rizos cataños
mientras pugnaba
por recordar sus notas.
Pero
el verla masticar
ese borrador
lo mató.

The small rubber
Imprinted on
By teeth
And saliva-
He pulled the pencil
From her hand.

She had an oral fixation.
If it wasn't a writing utensil,
It was Doritos.
She ate tortilla chips
Like a walrus might.
He stared
As crumbs leaped from her mouth
At the ground beneath her.

He tried desperately to look away,
Not to grab the broom,
For fear of insulting her.

His phone buzzed.
Who is Jessica?
She asked.
Jessica is a girl in my art workshop,
Part of my group Project.

He tried to concentrate
On the conversation,
But he could not part his gaze
From the chunks of orange gunk
Playing musical chairs
With her teeth.

El pequeño borrador
estampado
por dientes
y saliva-
Él arrebató el lápiz
de su mano.

Ella tenía una fijación oral.
Si no era un utensilio para escribir,
eran los Doritos.
Ella comía las tortilla chips
como lo haría una morsa.
Él miraba
mientras las migajas saltaban de su boca
al piso por debajo de ella.

Él intentó desesperadamente voltear la mirada,
no agarrar la escoba,
por temor a insultarla.

Su teléfono timbró.
¿Quién es Jessica?
preguntó ella.
Jessica es una chica de mi taller de arte,
parte de mi Proyecto de grupo.

Él intentó concentrarse
en la conversación,
pero no podía apartar su mirada
de los trozos de grasa anaranjada
jugando a las sillas musicales
con sus dientes.

Oh,
She said.
He'd had enough.
I'm getting the broom.

She was struck by the rudeness.
Watching her boyfriend
Sweep the floor in front of her
As she ate.

Two weeks later,
Alone in his clean apartment,
His phone buzzed.
A text from his lab partner.
No one was there to ask him
Who the hell she was.
What was I supposed to do?
He asked himself.
I have standards.

Ah,
dijo ella.
Él se había hartado.
Voy a traer la escoba.

A ella le chocó la rudeza.
Observando a su enamorado
barrer el piso delante de ella
mientras comía.

Dos semanas mas tarde,
solo en su limpio apartamento,
timbró su teléfono.
Un texto de su compañera de laboratorio.
No había nadie allí para preguntarle
quién diablos era ella.
¿Qué se suponía que hiciera?
se preguntó.
Yo tengo estándares.

LET IT DIE

I have become my own cellphone,
Left unplugged at night,
Drained, dying.
My expression reads ten percent battery,
And today will be exceptionally long.

As I drop to five and then two percent,
I reach the solace of my bedsheets,
But am woken only hours later
By the intensity of another sun.

Every day I dream the same dream.
We would both be better off.
I'm sorry.

DÉJALO MORIR

Me he convertido en mi propio celular,
abandonado sin enchufar por la noche,
exhausto, muriéndome.
Mi expresión marca diez por ciento de batería
y hoy día será excepcionalmente largo.

Mientras bajo a cinco y luego a dos por ciento,
alcanzo el solaz de mis sábanas,
pero apenas horas mas tarde me despierta
la intensidad de otro sol.

Cada día sueño el mismo sueño.
Los dos estaríamos mejor.
Lo lamento.

Maybe I Am not Ready

or afraid that I will be left
with nothing left to fight for.
The world in its ruin a gift,
the cruel nature necessity.
In unity,
we are hunted
so we may work as one.
Limited to earth,
and inside,
the hell from which we call forth demons.
No quick progress is permanent.
Prepare me for the greatest of all my battles,
and we may fight the endless others,
conquering worlds,
the way us lovers do.

TAL VEZ NO ESTOY LISTO

o temeroso de quedarme
sin nada por lo que luchar.
El mundo en su ruina un regalo,
la naturaleza cruel una necesidad.
En la unidad,
somos perseguidos
para que funcionemos como uno.
Limitados a la tierra,
y adentro,
el infierno del cual convocamos a los demonios.
Ningún progreso rápido es permanente.
Prepárenme para la mas grande de todas mis
                                    [batallas,
y tal vez podamos librar las otras sin fin,
conquistando mundos,
así como lo hacemos nosotros los amantes.

AFTERMATH

She washes me.
Her wet sponge is a blanket
gently gliding across my coarse skin,
over my insignificant wound,
where self-deprecating red curls
slide out of the small slit
in my chest where my heart should be,
and dance in the dirty tub water
like flames licking at the night sky,
but bruises and cuts wreathe around her body,
mocking the patterns of the tornado we birthed.

She cries in silence,
and I ask her to stop.
Her breath is loosely hanging to her hollow breast
by a toggle-bolt rusted with age.
Warm fingers plead at my cold shoulder.
She feels the glare without meeting the unforgiving eyes,
that wince as the tainted liquid dribbles down my spine.
A grunt of unrelenting pain escapes her cracked lips
through a genuine smile that lasts almost as long as
it takes for my fingertips to dissolve like paper.

CONSECUENCIAS

Ella me lava.
Su húmeda esponja es una manta
deslizándose suavemente por mi áspera piel,
sobre mi insignificante herida,
donde automenospreciados rizos rojos
resbalan de la pequeña grieta
en mi pecho donde mi corazón debiera estar,
y danzan en el agua sucia de la bañera
como flamas lamiendo el cielo nocturno,
pero moretones y cortes se enroscan alrededor de su cuerpo,
mofándose de los diseños del tornado que hemos hecho
                                                    [nacer.

Ella llora en silencio,
y yo le pido que pare.
Su aliento cuelga flojamente hacia su pecho hundido
por un perno oxidado por la edad.
Tibios dedos imploran a mi frío hombro.
Ella siente el fulgor sin enfrentar los implacables ojos
que se contraen mientras el manchado líquido se escurre
                                        [por mi espinazo.
Un gruñido de tenaz dolor escapa de sus labios cuarteados
a través de una sonrisa genuina que dura casi el tiempo
que les toma a las puntas de mis dedos disolverse como
                                                    [papel.

ODE TO BUTTERFLIES

You are the voice that whispers.
The poison that churns in my stomach.
You are the momentary fever,
The vomit rising in my throat,
That leads me away
From my bad decisions.

You ride my blood,
Like a train meant to deliver a message
To my every pore,
To open their dams,
And I sweat from the pressure.

You are the large, crystal window
In which I see displayed
My mistakes to come.
My tongue dries out over my teeth,
Sitting heavily in my mouth
Like a beached whale,
And my pupils open like black holes,
Swallowing the world I love,
As you poke around inside me,
As you drag me out of the ocean
Whose tides would have seduced me dead.

You are my most trusted adviser.
I can always find you in my abyss,
Working your spells in secrecy,
Bouncing off walls
As you flitter about,
Choreographed in uniform distress.

ODA A LAS MARIPOSAS

Ustedes son la voz que susurra.
El veneno que se revuelve en mi estómago.
Son la fiebre pasajera,
el vómito que sube por mi garganta,
que me aparta
de mis decisiones malas.

Ustedes viajan por mi sangre,
como un tren destinado a llevar un mensaje
a todos y cada uno de mis poros,
a abrir sus represas,
y yo transpiro por la presión.

Ustedes son el gran escaparate de cristal
donde veo exhibirse
mis errores por venir.
Mi lengua se seca por sobre mis dientes,
posada pesadamente en mi boca
como una ballena varada en la playa,
y mis pupilas se abren como agujeros negros
tragándose el mundo que amo,
mientras ustedes hurgan en mis adentros,
mientras me sacan arrastrado del mar
cuya corriente me hubiese seducido a estar muerto.

Ustedes son mis fieles consejeras.
Siempre puedo encontrarlas en mi abismo,
obrando sus hechizos en secreto,
rebotando contra las paredes
mientras aletean por los aires,
coreografiadas en uniforme zozobra.

About the Author

SASHA REITER was born in New York City in 1996. He grew up in the Bronx, where as the son of an Argentinian father and a Peruvian mother, he experienced firsthand the metaphorical otherness of being both Latino and Jewish. He attended Public School and received his B.A. in English Literature and Creative Writing from Binghamton University. He spent a semester in London studying English history and culture. This is his first book and he is currently working on his second collection of poetry. He intends to pursue a Masters in English with a specialization in Creative Writing.

Acerca del autor

SASHA REITER nació en la Ciudad de Nueva York en 1996. Creció en el Bronx, donde como hijo de padre argentino y madre peruana, experimentó en carne propia la otredad metafórica de ser al mismo tiempo latino y judío. Asistió a la Escuela Pública y recibió su Bachillerato en Literatura Inglesa y Creación Literaria en la Universidad de Binghamton. Pasó un semestre en Londres estudiando historia y cultura de Inglaterra. Este es su primer libro y actualmente se encuentra trabajando en su segunda colección de poemas. Piensa estudiar para su Maestría en Inglés con una especialización en Creación Literaria.

About the Translator

ISAAC GOLDEMBERG was born in Chepén, Peru in 1945 and has lived in New York since 1964. His most recent publications are *Libro de reclamaciones* (2018) and *Philosophy and Other Fables* (2016). In 2001 his novel *The Fragmented Life of Don Jacobo Lerner* was selected by the Yiddish Book Center of the United States as one of the 100 most important Jewish books of the last 150 years. He has translated the poetry of Donald Axinn, Stanley H. Barkan, Billy Collins, Peter Thabit Jones, Charles Simic, and Aeronwy Thomas. From 1971 to 1986 he taught at New York University, and presently, he is Distinguished Professor of Humanities at Hostos Community College of The City University of New York, where he is director of the Latin American Writers Institute and editor of *Hostos Review.*

Acerca del traductor

ISAAC GOLDEMBERG nació en Chepén, Perú, en 1945 y reside en Nueva York desde 1964. Sus publicaciones mas recientes son *Libro de reclamaciones* (2018) y *Philosophy and Other Fables* (2016). En el 2001, su novela *La vida a plazos de don Jacobo Lerner* fue seleccionada por el Yiddish Book Center de Estados Unidos como una de las 100 obras más importantes de la literatura judía mundial de los últimos 150 años. Ha traducido la poesía de Donald Axinn, Stanley H. Barkan, Billy Collins, Peter Thabit Jones, Charles Simic y Aeronwy Thomas. De 1971 a 1986 fue catedrático de New York University y actualmente, es Profesor Distinguido de Humanidades en Hostos Community College de The City University of New York, donde dirige el Instituto de Escritores Latinoamericanos y la revista *Hostos Review*.

www.ingramcontent.com/pod-product-compliance
Lightning Source LLC
Chambersburg PA
CBHW021239090426
42740CB00006B/606